Christian Wolf

Workflow Management und Workgroup Computing - A
CSCW

Christian Wolf

Workflow Management und Workgroup Computing - Ansätze des inter-organisationalen CSCW

GRIN Verlag

Bibliografische Information der Deutschen Nationalbibliothek: Die Deutsche Bibliothek
verzeichnet diese Publikation in der Deutschen Nationalbibliografie; detaillierte bibliografische Daten sind im Internet über http://dnb.d-nb.de/ abrufbar.

1. Auflage 2003
Copyright © 2003 GRIN Verlag
http://www.grin.com/
Druck und Bindung: Books on Demand GmbH, Norderstedt Germany
ISBN 978-3-638-72309-1

Workflow Management und Workgroup Computing

Ansätze des inter-organisationalen
Computer Supported Cooperative Work

Hausarbeit im Seminar Informationsmanagement

Europa-Universität Viadrina Frankfurt(Oder)
Lehrstuhl für Allgemeine BWL, insb. Wirtschaftsinformatik, Finanz- und
Bankwirtschaft
WS 2002/2003

Eingereicht durch:
Christian Wolf

IBWL, 7. Semester

26.03.2003

Inhaltsverzeichnis

Abbildungsverzeichnis

1. Einleitung

Zur Unterstützung der Büroarbeit werden in Unternehmen schon seit Jahrzehnten Computer verwendet, dabei werden häufig Daten und Informationen nicht von einem Nutzer allein bearbeitet. Oft sind Nutzer aus verschiedenen Fachabteilungen an der Erstellung und Pflege von Daten und Informationen beteiligt. Die zunehmende Prozessorientierung in Organisationen jeder Größenordnung trägt weiter dazu bei, dass Mitglieder unterschiedlicher Fachbereiche immer enger und vernetzter zusammenarbeiten. Dennoch sind in der betrieblichen Praxis inkompatible Anwendungssysteme in unterschiedlichen Fachabteilungen keine Seltenheit. Informationen werden zwischen den Unternehmensbereichen papierbasiert weitergegeben, was natürlich mit Medienbrüchen und Ineffizienzen verbunden ist, denn Papiere können z.B. verloren gehen oder im Eingangskorb nach unten rutschen. Eine Statuskontrolle von Vorgängen, die sich in Bearbeitung befinden ist ebenfalls schwierig und zeitraubend. (vgl. Strobel-Vogt, 1999, S. 25 f.)

Der Forschungsbereich, welcher sich mit Software beschäftigt, die diese Problematik zu beheben vermag, wird üblicherweise mit dem Begriff *Computer Supported Cooperative Work (CSCW)* oder *Computergestützte Zusammenarbeit* beschrieben. Auf interdisziplinärer Basis werden die Zusammenarbeit von Individuen in Gruppen und die Möglichkeiten der informations- (IT) und kommunikationstechnologischen (KT) Unterstützung dieser Zusammenarbeit untersucht. Die Software zur Unterstützung von Gruppenprozessen wird generell als Groupware bezeichnet. (vgl. Borghoff und Schlichter, 1998, S. 88 ff.; vgl. Riempp, 1998, S. 27 f.)

Eine mögliche Basis für die Unterscheidung verschiedener Bereiche innerhalb des CSCW ist in der Art der untersuchten und durch IT/KT zu unterstützenden Prozesse zu sehen. Teufel et al. (1995, in Riempp, 1998, S. 27) haben eine Klassifizierung von CSCW Systemen entsprechend dreier „K", Kommunikation, Kooperation und Koordination, vorgeschlagen (siehe Abbildung 1).

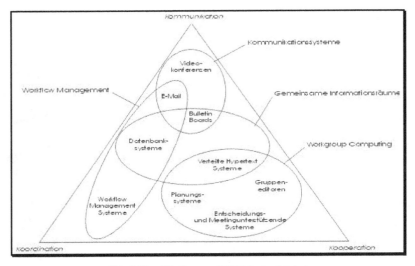

Abb. 1 Klassifikation von CSCW Anwendungen

(Quelle: Teufel et al., 1995 in Riempp, 1998, S. 27)

In der Literatur wird häufig jede Software aus diesem Dreieck als Groupware bezeichnet, somit wäre ein Workflow Management System eine Unterkategorie des Groupware-Begriffes. Neben Teufel et al. folgen auch zahlreiche andere CSCW Forscher dieser Sichtweise. (siehe Ellis et al., 1991, S. 36 ff. ; siehe Grudin, 1994, in Borghoff und Schlichter, 1998, S. 121)

Jedoch hat das Workflow Management in der vergangenen Dekade, sowohl in der betrieblichen Praxis als auch in der Forschung, ein gewaltiges Interesse gefunden. Es lediglich als eine Ausprägung von Groupware unter vielen zu betrachten, würde seiner Bedeutung nicht gerecht werden. Daher sollen für den weiteren Verlauf dieser Arbeit Workflow Management Systeme als eigenständige Anwendungsklasse betrachtet werden, unter dem Begriff Workgroup Computing sollen alle anderen CSCW Anwendungen zusammengefasst werden. Die Bezeichnung Groupware wird dabei als Synonym für Workgroup Computing Software gebraucht. Diese Sichtweise wird auch in der neueren Literatur unterstützt (siehe Schnetzer, 1999, S. 50 f.; siehe Riempp, 1998, S. 27 f.).

Zur Unterscheidung der Bereiche Workflow Management und Workgroup Computing soll die Strukturiertheit und die Wiederholungshäufigkeit der, von den Anwendungen unterstützten, Prozesse dienen. Im Rahmen des Workflow Management werden in der Regel strukturierte, sich häufig wiederholende Prozesse untersucht. Hier ist der Aspekt der Koordination von besonderer Bedeutung. Groupware hingegen unterstützt

deutlich unstrukturiertere und nicht ständig gleich ablaufende Prozesse. Der Aspekt der Kooperation ist hier zentral. Das Ziel, die Effizienz dieser Prozesse durch Einsatz von IT und KT zu steigern, ist beiden Bereichen des CSCW gemeinsam. (vgl. Schnetzer, 1999, S. 50 f.; vgl. Riempp, 1998, S. 26 ff.)

In der jüngeren Vergangenheit haben sich in der betriebswirtschaftlichen Praxis deutliche Tendenzen gezeigt Teile der Wertschöpfungskette zum Zweck der Kostensenkung aus dem eigenen Unternehmen auszugliedern und Vertragspartnern zu überlassen. Dieser Trend zum Outsourcing und das Auftreten neuer Formen der Zusammenarbeit von Organisationen, wie Virtual Enterprises und firmenübergreifende Entwicklungsteams, erfordert die Weiterentwicklung von CSCW Anwendungen hin zu Systemen, die organisationale Grenzen überschreiten können. (vgl. Pargfrieder, 2002, S. 2)

Im Rahmen dieser Seminararbeit sollen die beiden Hauptbereiche des CSCW, Workflow Management und Workgroup Computing, kurz vorgestellt, grundsätzliche Bestandteile von Anwendungen aus diesen Bereichen aufgezeigt und letztlich jüngere Entwicklungen im Hinblick auf Anwendungen, die inter-organisationale Interaktionen unterstützen v.a. im Bereich der Workflow Management Systeme, dargestellt werden.

2. Basistechnologien des CSCW

Moderne CSCW Systeme sind aus einer Vielzahl sich ergänzender Technologien der Bürokommunikation und Netzwerktechnik hervorgegangen. Neben dem Vorhandensein geeigneter Hard- und Software sowie einer Netzwerkarchitektur, die computergestützte Zusammenarbeit ermöglicht (Client-Server-Architektur), wird Software zur Erfassung, Bearbeitung und Management von papierbasierten Informationen benötigt. Solche Bildverarbeitungs- und Dokumenten-managementsoftware, idealerweise mit Texterkennungsfähigkeiten, wird benötigt, um eingehende Informationen dem CSCW System zur weiteren Bearbeitung zur Verfügung zu stellen. Zur Speicherung der Informationen werden Datenbanksysteme benötigt, zur Weiterleitung Kommunikationssysteme, vorrangig E-Mail. Des weiteren sind Kalender- und Planungswerkzeuge, sowie Möglichkeiten des Meinungsaustauschs und der Diskussion, wie Bulletinboards, häufig Bestandteile von integrierten CSCW Systemen. Einige fortschrittliche Systeme unterstützen auch die Übertragung von Bild und Ton sowie die Einrichtung und Aufzeichnung von virtuellen Meetings weit verteilter Gruppen. (vgl. WfMC, 1998, S. 9 ff.; vgl. Ellis et al., 1991, S. 34 ff.)

3. Workflow Management

Die begrifflichen Definitionen von Workflow und Workflow Management Systemen gehen, ähnlich der Begriffsabgrenzung zur Groupware, in der Literatur z.T. auseinander (siehe Strobel-Vogt, 1999, S. 23). Für den weiteren Verlauf dieser Arbeit sollen folgende Definitionen gelten.

Unter einem Workflow versteht man i.d.R. einen Geschäftsprozess oder einen Vorgang der wertschöpfend, zielgerichtet, strukturiert und arbeitsteilig abläuft sowie häufig wiederholt wird (vgl. Schnetzer, 1999, S. 17). Im Allgemeinen werden im Zuge eines solchen Vorgangs Dokumente, Informationen oder Aufgaben zwischen Teilnehmern nach einem vordefinierten Schema weitergeleitet (vgl. WfMC, 1998, S. 6).

Grundsätzlich kann ein solcher Vorgang gänzlich ohne Computerunterstützung ablaufen, im Allgemeinen wird man aber nur im Zusammenhang mit der Verwendung eines computerbasierten Workflow Management Systems (WfMS) von Workflows sprechen (vgl. Schnetzer, 1999, S. 17). Ein WfMS soll die verschiedenen Vorgänge in einem Unternehmen abbilden, automatisieren und steuern. Dazu stellt es

> „den beteiligten Mitarbeitern alle notwendigen Informationen und Unterlagen zeit- und bedarfsgerecht an ihren elektronischen Arbeitsplätzen zur Verfügung, automatisiert Informations- und Prozessflüsse, verknüpft Arbeitsschritte aktiv und berücksichtigt organisatorische Strukturen." (Strobel-Vogt, 1999, S. 25)

Workflow Management wird sehr oft in Verbindung mit Begriffen wie Geschäftsprozessoptimierung oder Business Process Reengineering (BPR) genannt. Die Beziehung zwischen Workflow Management und den genannten Verfahren liegt darin, dass der Einführung eines WfMS häufig, jedoch nicht zwingend, eine solche Optimierung der Geschäftsprozesse eines Unternehmens vorausgeht (vgl. Strobel-Vogt, 1999, S. 19). Ebenso wenig zwingend muss einem BPR-Projekt eine WfMS-Einführung folgen (vgl. WfMC, 1998, S. 6). Führt man sich jedoch die Ziele beider Projektarten vor Augen - nämlich Effizienzsteigerung und Kostensenkung, im ersten Fall durch Optimierung, im zweiten Fall durch weitgehende Automatisierung - so wird klar, dass sich beide Projekte ideal ergänzen und nur in Kombination zu einem bestmöglichen Ergebnis führen. Für die Reihenfolge der Projekte sind mehrere Möglichkeiten denkbar (siehe Strobel-Vogt, 1999, S. 19). Doch am sinnvollsten erscheint es, ein BPR-Projekt in jedem Fall vor der (erstmaligen) Einführung eines WfMS durchzuführen. So werden in dem Workflow Management System nur die

neuen, optimierten Geschäftsprozesse abgebildet und am WfMS müssen keine nachträglichen Änderungen vorgenommen werden.

Unter Berücksichtigung von wirtschaftlichen Gesichtspunkten sollten nur Prozesse in ein WfMS integriert werden, die häufig und stark strukturiert auftreten, eine Vielzahl weit verteilter Ressourcen beanspruchen und so gut beherrschbar bzw. routiniert sind, das eine einfache Steuerung von Ausnahmen (exception handling) ausreicht. Wenig routinierte und sich nicht wiederholende Abläufe, sogenannte Ad-hoc-Prozesse, wie sie in Projekten auftreten, eignen sich nicht zur Abbildung in WfMS, hier sind Workgroup Computing Lösungen besser zur Unterstützung geeignet. (vgl. Müller und Stolp, 1999, S. 137)

Dementsprechend sehen auch die Aufgabengebiete von WfMS in der betrieblichen Praxis aus. Laut einer Studie von Galler et al. (1995, in Krcmar, oJ, S. 2) werden WfMS vor allem für Aufgaben der Auftrags- und Kreditbearbeitung, Vertrieb und Kundendienst sowie in der Qualitätssicherung und im Personalwesen eingesetzt. Der Einsatz in Konstruktion und Forschung und Entwicklung fällt demgegenüber deutlich geringer aus.

3.1 Die Workflow Management Coalition (WfMC)

Die Workflow Management Coalition (WfMC) ist eine 1993 gegründete, nicht-profitorientierte Vereinigung von etwa 300 Herstellern und Verwendern von Workflow Management Technologien, Beratern sowie Forschern aus Universitäten und Forschungszentren, darunter SAP, IDS Scheer, Microsoft, Oracle, Shell und Pricewaterhouse Coopers. Das erklärte Ziel dieses Verbandes ist die Förderung des Workflow Management Konzeptes und der darauf aufbauenden Technologie durch die Formulierung einer einheitlichen Terminologie und der Schaffung von Standards zur Interoperabilität und Konnektivität von Workflow Management Produkten. (vgl. WfMC, 2002) Andere Verbände, wie z.B. die Workflow and Reengineering International Association (WARIA) erkennen die Standards der WfMC voll an (WARIA, 2002). Auch die neuere Literatur zu Workflow Themen nimmt zum größten Teil Bezug auf die Terminologie der WfMC.

3.2 Wesentliche Bestandteile eines WfMS

Im Rahmen ihres Referenzmodells für Workflow Produkte stellt die WfMC die wesentlichen Bestandteile eines Workflow Management Systems, die bei den meisten kommerziellen Produkten vorhanden sind, dar. Abbildung 1 gibt einen Überblick über die Bestandteile eines WfMS und ihre Beziehungen untereinander. Dabei werden die

6

einzelnen Bestandteile in drei Kategorien unterschieden, Software Komponenten des Workflow Produkts, Systemkontrolldaten sowie externe Daten und Softwarekomponenten. Systemkontrolldaten können dabei Prozessdefinitionen oder Workflowkontrolldaten sein, die den Ablauf der Prozesse steuern und überwachen. Des weiteren können Systemkontrolldaten auch Workitems, eine vollständige Worklist oder aber workflowrelevante Daten sein, also Informationen die vom Nutzer zur Bearbeitung des Geschäftsvorfalls benötigt werden. (vgl. WfMC, 1998,S. 12 ff.)

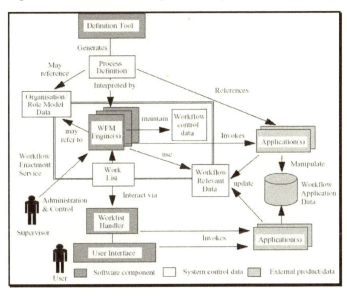

Abb. 2 Generische WfMS Produktstruktur

(Quelle: WfMC, 1998, S. 13)

3.2.1 Prozessdefinitionswerkzeug (Process Definition Tool)

Prozessdefinitionswerkzeuge beschreiben Geschäftsvorgänge so, dass sie von einem Rechner interpretiert und ausgeführt werden können. Dies können einfache Routingkommandos sein oder eine graphische bzw. formale Beschreibung. Die Prozesse innerhalb einer Organisation können mit Hilfe eines im Workflowprodukt enthaltenen Werkzeugs definiert werden oder mit einer separaten Software, die auch zu BPR-Zwecken verwendet wird, z.B. mit ARIS Toolset der IDS-Scheer AG oder VISIO Business Modeler. (vgl. Müller und Stolp, 1999, S. 32, S. 99 ff.)

Zur Darstellung der Prozesse als zeitlich-logische Abfolgen werden oft die von Scheer entwickelten ereignisgesteuerten Prozessketten (ePK) oder erweiterte ereignisgesteuerte Prozessketten (eePK) verwendet. Beide bilden Prozesse als

Abfolge von sequentiell oder parallel auszuführenden Funktionen oder Aufgaben ab, die durch das Auftreten von Ereignissen ausgelöst werden. Die Verwendung von eePK hat den Vorteil, dass auch Beziehungen der Funktionen zu Organisationseinheiten (z.B. Arbeitsplätzen) und Informationsobjekten (z.b. Dokumenten) explizit dargestellt werden können. (vgl. Suman, 1999)

3.2.2 Workflow-Ausführungsservice (Workflow Enactment Service)

Der Workflow-Ausführungsservice stellt die Umgebung für die Ausführung von Prozessinstanzen zur Verfügung. Unter einer Instanz versteht man dabei den konkreten Geschäftsvorfall, der gemäß einer Workflow- oder Prozessdefinition abläuft. (WfMC, 1998, S. 21) Die genaue Definition lautet:

> „A software service that may consist of one or more workflow engines in order to create, manage and execute workflow instances. Applications may interface to this service via the workflow application programming interface (WAPI)." (WfMC, 1998, S. 21)

Im Referenzmodell der WfMC stellt der Ausführungsservice das Herzstück eines WfMS dar. Alle weiteren Bestandteile sind mit dem Ausführungsservice über bestimmte Schnittstellen verbunden, die später noch näher erläutert werden sollen.

3.2.3 Worklist Handler und Benutzeroberfläche

Die Informationen, die ein Benutzer vom Ausführungsservice erhält, bestehen i.d.R. aus Arbeitsaufträgen, sogenannten Workitems. Diese werden an einen sogenannten Worklist Handler übergeben und von diesem als Aufgabenliste oder Worklist im elektronischen Eingangskorb des Benutzers dargestellt. Der Grad der Differenzierung der Worklist und der enthaltenen Informationen sowie die Gestaltung der Benutzeroberfläche variiert nach Produkt und nach den individuellen Einstellungen des Benutzers. Nach Erledigung der Aufgabe wird das Workitem durch den Worklist Handler aus der Worklist gelöscht. Der Worklist Handler kann die Worklist eines Benutzers automatisch auffüllen oder auf Abruf von Workitems durch den Benutzer warten. (vgl. WfMC, 1998, S. 33; vgl. Müller und Stolp, 1999, S. 35)

3.2.4 Schnittstellen laut WfMC Referenzmodell

Das Referenzmodell der WfMC identifiziert und definiert fünf Schnittstellen oder Interfaces, welche das WfMS mit seiner Umgebung, also Anwendern, integrierten Werkzeugen, Softwarediensten und fremden Workflow Produkten, verbindet. Die zu erstellenden Standards sollen an eben diesen Schnittstellen ansetzen und so die Kompatibilität der Produkte verschiedener Hersteller und über die

Produktgenerationen sicher stellen. (vgl. Müller und Stolp, 1999, S. 27 f.) Abbildung 2 gibt einen Überblick über die Schnittstellen des Referenzmodells.

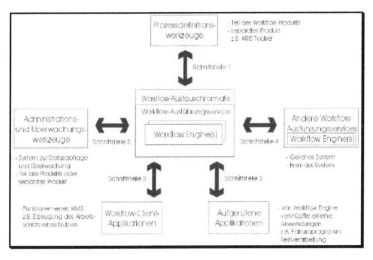

Abb. 3 Das WfMC Referenzmodell
(in Anlehnung an WfMC, 1998, S. 20)

3.2.4.1 Build-time, Run-time und Administration

Das Referenzmodell der WfMC übernimmt die, aus anderen Bereichen der Informatik bekannte, Unterscheidung zwischen Build-time Phase (Prozessdefinition) und Run-time Phase (Prozessausführung). Zusammen mit der Überwachung und Administration der laufenden Prozesse entsteht so ein Prozesslebenszyklus von Definition über Ausführung zur Administration und letztlich zur Aufgabe, falls der Prozess nicht weiter benötigt wird. (vgl. WfMC, 1998, S. 7 ff.; vgl. Schnetzer, 1999, S. 41 ff.)

3.2.4.2 Workflow Application Program Interfaces (WAPI)

Sämtliche Kommunikation zwischen dem Workflow Ausführungsservice und seiner Umgebung läuft über fünf Schnittstellen und spezielle Application Program Interfaces (API) ab. Ein API ist ein Set von standardisierten Routinen und Protokollen, welche die Kommunikation von Anwendungen untereinander steuern. Darüber hinaus erlauben standardisierte API die einfachere Programmierung von Anwendungsschnittstellen durch die Bereitstellung von fertigen Bausteinen. API zur Kommunikation eines Workflow Ausführungsservice mit seiner Umgebung werden als Workflow Application Program Interfaces (WAPI) bezeichnet. (vgl. WfMC, 1998, S. 25)

9

3.2.4.3 Schnittstelle 1 – Prozessdefinitionswerkzeuge

Die Schnittstelle zwischen Workflow Ausführungsservice und Prozessdefinitionswerkzeug wird als Workflow Definition Interchange bezeichnet. Sie beinhaltet ein einheitliches WAPI Austauschformat für Prozessdefinitionen und erlaubt deren Austausch über eine Vielzahl physischer oder elektronischer Medien. Dabei kann die gesamte Prozessdefinition oder nur bestimmte Teile ausgetauscht werden, dies erlaubt eine einfachere Anpassung an neue Rahmenbedingungen im Zuge der Administration. (vgl. WfMC, 1998, S. 28; vgl. Müller und Stolp, 1999, S. 32)

3.2.4.4 Schnittstelle 2 – Workflow Client Applikationen

Über das Workflow Client Application Interface werden Informationen zwischen Workflow Ausführungsservice und dem Worklist Handler ausgetauscht. Die Worklist und die benötigten workflowrelevanten Informationen werden dann dem Benutzer über die Benutzeroberfläche mitgeteilt. (vgl. WfMC, 1998, S. 33; vgl. Müller und Stolp, 1999, S. 35)

3.2.4.5 Schnittstelle 3 – Aufgerufene Applikationen

Im Rahmen einer Workflow Instanz müssen nicht nur Anwendungen des Workflow Systems (siehe Schnittstelle 2) sondern auch andere Anwendungen, wie z.B. Tabellenkalkulations- und Textverarbeitungsprogramme, aufgerufen werden. Dies erfolgt über das Invoked Applications Interface. Auch die Einbindung von WWW-Frontends, die z.B. erlauben Bestellungen im Internet aufzugeben, erfolgt über diese Schnittstelle. (vgl. WfMC, 1998, S. 36)

Dabei sind grundsätzlich zwei Varianten der Verbindung von Workflow Ausführungsservice und Anwendung möglich. Eine direkte WAPI Kommunikation mit workflowfähigen, also mit entsprechenden Schnittstellen für die Anbindung an WfMS ausgestatteten, Anwendungen, oder die indirekte Kommunikation über einen sogenannten Application Agent, der die WAPI in ein für die Anwendung verständliches Format übersetzt. (vgl. WfMC, 1998, S. 36)

3.2.4.6 Schnittstelle 4 – Andere Workflow Ausführungsservices

Die im Hinblick auf die kommende Thematik organisationale Grenzen überschreitender Workflows, ist dieses WAPI Interoperability Functions Interface besonders interessant. Es soll daher etwas ausführlicher beschrieben werden.

Die maximale Effizienz des Workflow Einsatzes in einer Organisation wird erst erreicht wenn alle wertschöpfenden Bereiche einer Organisation durch Workflows verknüpft

werden. Eine weitere Effizienzsteigerung ist durch die Verbindung der Workflow Systeme zweier zusammenarbeitender Organisationen zu erwarten. Da i.d.R. die Produkte verschiedener Hersteller auch unterschiedliche Stärken und Schwächen in den einzelnen betrieblichen Funktionsbereichen haben, ist es oft vorteilhaft innerhalb einer Organisation verschiedene Produkte einzusetzen. Um eine hohe Kompatibilität verschiedener Systeme zu gewährleisten arbeitet die WfMC an einer Schnittstelle und entsprechenden WAPI, die eine reibungslose Kommunikation zweier Workflow Ausführungsservices verschiedener Hersteller erlauben. Die Standards der WfMC sollen überdies auch die Migration von einem System zu einem neuen vereinfachen. (vgl. Müller und Stolp, 1999, S. 37)

Die WfMC hat für die Beziehung zweier Workflow Ausführungsservices untereinander vier Szenarien beschrieben (siehe WfMC, 1998, S. 38 ff.). Diese wurden ursprünglich zur Verbindung der Ausführungsservices innerhalb einer Organisation formuliert, lassen sich aber einfach zu inter-organisationalen Szenarien erweitern, wenn man die Beziehung der beteiligten Organisationen in die Beschreibung mit einbezieht.

Szenario 1 – Diskrete Verkettung (Chained Services)

Dieses Modell repräsentiert die Übertragung einer einzelnen Aufgabe zwischen den ansonsten unabhängigen Workflow Ausführungsservices. Eine Teilaufgabe aus einem Prozess A markiert dabei den Startpunkt, also das auslösende Ereignis, eines Prozesses B. Der Ausführungsservice B führt seinen Workflow dann ohne weitere Synchronisation aus. Ein Standard WAPI kann diese Übertragung am besten vornehmen. Bei heterogenen Systemen, die nicht auf Standard WAPI zurückgreifen, können Gateways zwischen den Systemen vermitteln. (WfMC, 1998, S. 38)

In einem inter-organisationalen Kontext wäre eine Lieferant/Kunde Beziehung ein typischer Anwendungsfall für eine solche Verkettung. Workflow A würde dabei den Beschaffungsprozess des Kunden beschreiben, der am Ende zu einer elektronischen Bestellung führt und beim Lieferanten als Ereignis den Workflow B auslöst, der z.B. die Konfektion und den Versand der Bestellung steuert.

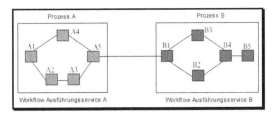

Abb. 4 Chained Services

(Quelle: WfMC, 1998, S. 38)

Szenario 2 – Hierarchische Verbindung (Nested Subprocesses)

Bei dieser Verbindung stellt Prozess B einen Unterprozess von A, dar. Sobald Workflow A den Prozess A3 anstößt wird Workflow B in einem separaten Workflow Ausführungsservice ausgelöst. Sobald dieser komplett ist, wird Workflow A, erweitert um die Ergebnisse von B, weitergeführt. Auf diese Art und Weise können sehr ausgefeilte Workflows gestaltet werden, die durch die Einbeziehung von nested subprocesses bis auf einzelne Arbeitsschritte hinunter präzisiert werden können. Die beiden Ausführungsservices können wiederum über Standard WAPI oder ein Gateway kommunizieren. (WfMC, 1998, S. 39)

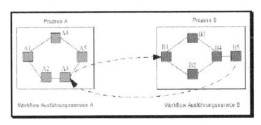

Abb. 5 Nested Subprocesses

(Quelle: WfMC, 1998, S. 39)

Eine solche Verbindung zweier Workflows ist im inter-organisationalen Kontext bei partnerschaftlichen Beziehungen zwischen Organisationen, z.B. im Rahmen des Outsourcing einzelner Teilaufgaben, denkbar. Ein Praxisbeispiel für eine solche Verknüpfung ist bspw. die Kreditwürdigkeitsprüfung eines Neukunden durch eine Wirtschaftsauskunftei. Prozess A würde dabei die Bestellabwicklung in Organisation A darstellen. Teilprozess A3 bzw. Prozess B wäre dabei die Kreditwürdigkeitsprüfung die von Organisation B ausgeführt wird. Erst wenn das Ergebnis der Prüfung vorliegt wird der Workflow fortgesetzt und die Bestellung ausgeliefert bzw. die Lieferung mangels Kreditwürdigkeit verweigert.

Szenario 3 – Indiskrete Verbindung (Peer-to-Peer)

Eine indiskrete Verbindung lässt zwei Ausführungsservices quasi als gleichwertige Partner einen Prozess C gemeinsam ausführen. Ausführungsservice A ist dabei ein Spezialist für die Teilaufgaben C1, C2 und C5, wogegen Service B besser geeignet ist die Teilprozesse C3, C4 und C6 auszuführen (siehe Abbildung 6). Laut WfMC (1998, S. 39) setzt dieses Szenario die Unterstützung gemeinsamer API und einer gemeinsamen Prozessdefinition durch beide Workflow Ausführungsservices voraus. Die jeweiligen Teile der gemeinsamen Prozessdefinition können aus einem Build-time Prozess, dem kompletten Prozess C, in beide Systeme importiert werden oder während der Run-time Phase weitergereicht werden. Der Einsatz eines Gateways ist nicht möglich.

Diese Art von Prozessverbindung wird von der WfMC derzeit näher definiert. So wird bspw. die Möglichkeit, dass beide Ausführungsservices einen Teilprozess ausführen zum Zuteilungsproblem. Weitere Probleme im Hinblick auf die Koordination der Ausführungsservices können auftauchen falls eine Prozessinstanz von jedem der beiden Ausführungsservices ausgelöst oder beendet werden kann. (WfMC, 1998, S. 40)

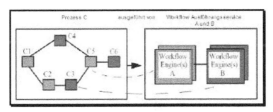

Abb. 6 Peer-to-Peer
(Quelle: WfMC, 1998, S. 40)

Ein Anwendungsbeispiel wird von Pargfrieder (1998, S. 30) beschrieben, wenn auch nicht direkt auf dieses Szenario bezogen. Ein Telekomunternehmen (Telco) lässt dabei Lagerung und Versand seiner Mobiltelefone von einem Logistikdienstleister (Logis) durchführen. Jedem bestellten Gerät muss jedoch eine Rufnummer zugeordnet werden. Pargfrieder beschreibt den Prozess so, dass während Telco die Kreditwürdigkeit des Kunden prüft, bei Logis das Gerät vom Lager genommen wird und anschließend eine Anfrage nach der Rufnummer ausgelöst wird. Das Telco System erhält die Anfrage, weist die Nummer zu und übermittelt sie an das Logis System. Die Nummer wird der Bestellung beigefügt und Logis verschickt die Sendung. Der Versand wird dem Telco System mitgeteilt, das daraufhin eine Rechnung erstellt und verschickt. Es handelt sich bei dem Beispiel nicht um nested subprocesses, da

keines der Systeme dem anderen übergeordnet ist, vielmehr bearbeitet jedes jene Teile des Gesamtprozesses für die es selbst Spezialist ist.

Szenario 4 – Parallele Synchronisation (Parallel Synchronisation)

Im Fall der parallelen Synchronisation werden zwei Prozesse im Wesentlichen unabhängig voneinander auf verschiedenen Ausführungsservices ausgeführt. Sobald beide Prozesse einen vorbestimmten Punkt in ihrem jeweiligen Ablauf erreichen, wird ein gemeinsames Ereignis ausgelöst, dass beide Workflows weiter gemäß ihres Designs ablaufen lässt. Dieses Modell kann eingesetzt werden, um Prozesse zu terminieren, die parallel ablaufen, aber gemeinsam zu einem Wertschöpfungsprozess beitragen. Die technische Realisierung einer solchen Verbindung ist schwierig. Anders

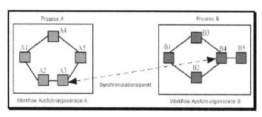

Abb. 7 Parallel Synchronisation

(Quelle : WfMC, 1998, S. 41)

als in Szenario 3 existieren hier zwei getrennte Prozessdefinitionen. Der Workflow Ausführungsservice benötigt eine Möglichkeit zur Koordination der Ereignisse ebenso wie die Fähigkeit Aufgaben der beiden Prozessdefinitionen zu erkennen. Die WfMC sieht bisher keine Notwendigkeit diese Prozessverbindung näher zu spezifizieren, da Anwendungsgebiete sich bisher in ihren Augen nicht in größerem Maße auftun. (vgl. WfMC, 1998, S. 40)

3.2.4.7 Schnittstelle 5 – Administrations- und Überwachungswerkzeuge

Eine Überwachung der Prozesse während der Run-time erlaubt die Vermeidung von Engpässen und die Vermeidung von Fristüberschreitungen. Auch die Anpassung und Optimierung von bereits implementierten Prozessen kann durchaus als notwendig oder vorteilhaft erachtet werden. Hierzu wird eine Schnittstelle zu entsprechend leistungsfähigen Administrations- und Überwachungswerkzeugen benötigt, die auch verteilt ausgeführte Workflows können. (vgl. Müller und Stolp, 1999, S. 39)

3.3 Kurze Marktübersicht für Workflow Management Systeme

Insgesamt hatte der weltweite Markt für Workflow Management Produkte 1993 ein Volumen von $ 518 Mio., 1997 wurden bereits $ 1 Mrd. umgesetzt. (vgl. Stark, 1997 in

Riempp, 1998, S.98). Neuere Zahlen sind leider nicht verfügbar. Der Markt ist also relativ klein, zudem ist er stark zerklüftet. Strobel-Vogt (1999, S. 32) zählt in seiner Marktübersicht 34 Workflow Systeme mit unterschiedlichen Funktionalitäten, von Prozessdefinition über die Entwicklung operativer Systeme bis hin zu Dokumentenmanagement und Bürokommunikation. Hier sind u.a. IBM Flowmark, Oracle Workflow, Symantec Formflow und der SAP Business Workflow zu nennen. Auffällig ist, dass hier WfMS genannt sind, die in Verbindung mit einer ERP-Standardsoftware (SAP) oder einem Datenbanksystem (Oracle) ausgeliefert werden. Dies lässt einige Forscher bereits vermuten, dass eigenständige WfMS bald vom Markt verdrängt werden (vgl. Scheer, 1999, in Müller und Stolp, 1999, S. V).

Hinzu kommt die Tatsache, dass in der obigen Aufzählung kein einziges webbasiertes System enthalten ist. Dies lässt vermuten, dass die Gesamtzahl der verfügbaren Systeme weit größer ist. Solche webbasierten Systeme sind als Bestandteil von elektronischen Beschaffungssystemen oder e-Procurement Systemen in den vergangenen Jahren aufgetaucht. Es handelt sich dabei um Systeme, die eine Einbindung von Lieferanten in das Beschaffungssystem einer Organisation über elektronische Kataloge und entsprechende Beschaffungsworkflows realisieren. (vgl. Glaser, 2002; vgl. IT, 2002) Zudem sind Workflow Funktionalitäten inzwischen in einer Vielzahl verschiedener Systeme integriert, z.B. Content Management- und Customer Relationship Management Systeme. Des weiteren kann man die Entstehung internetbasierter Plattformen für Beschaffung und Unternehmensdienstleistungen beobachten. Diese sollen wegen ihres starken inter-organisationalen Bezugs unter Punkt 5.2 näher beschrieben werden.

4. Workgroup Computing

CSCW Systeme, die stärker den Aspekt der Kooperation als der Koordination betonen, also dem Workgroup Computing zuzuordnen sind, bezeichnet man i.d.R. als Groupware. Sie unterstützen weniger strukturierte und weniger häufig wiederholte kooperative Prozesse. Eine Vielzahl von Anwendungen wird diesem Bereich zugeordnet, u.a. E-mail, elektronische Klassenzimmer, Kalender und Journale sowie meetingunterstützende und Videokonferenzsysteme. (vgl. Borghoff und Schlichter, 1998, S. 93 ff.; vgl. Ellis et al., 1991, S. 36 ff.)

Ein Mangel an Definitionsversuchen für den Groupware-Begriff kann nicht beklagt werden. Dabei wird vorrangig auf die Unterstützung der Arbeit in Gruppen durch digitale Medien und den Austausch von Informationen Bezug genommen (siehe Yen

et al., 1999, S. 64; siehe Borghoff und Schlichter, 1998, S. 91 ff.). Eine einflussreiche Groupware Definition stammt von Ellis et al. (1991, S. 34):

> „(Groupware are, d. Verf.) computer-based systems that support groups of people engaged in a common task (or goal) and that provide an interface to a shared environment."

Neben der CSCW Klassifikation von Teufel et al. (1995; siehe Riempp, 1998, S. 27) aus der Einleitung gibt es weitere Klassifikationsansätze, die ein grundlegendes Verständnis des Groupware-Begriffes ermöglichen.

4.1 Zeit-Raum Klassifizierung

Eine weitere Möglichkeit Groupware Systeme einzuordnen ist die von Ellis et al. (1991, S. 36) vorgeschlagene und von Grudin (1994, in Borghoff und Schlichter, 1998, S. 121) erweiterte Zeit-Raum Klassifizierung. Ellis et al. haben dabei Systeme nach der räumlichen Verteilung der Teilnehmer und der zeitlichen Verteilung der Interaktionen eingeteilt. Grudin ergänzt noch den Aspekt der Vorhersehbarkeit von Raum und Zeitverteilung. Tabelle 1 gibt einen Überblick über diese Klassifizierung.

Raum/Zeit	Gleiche Zeit (synchron)	Verschiedene Zeit (asynchron)	
		Vorhersehbar	Nicht-vorhersehbar
Gleicher Ort	Face-to-Face Sitzungsunterstützung	Schichtarbeit	Schwarzes Brett
Verschiedener Ort vorhersehbar	Videokonferenzsystem	E-Mail	Kollaboratives Verfassen von Dokumenten
Verschiedener Ort nicht-vorhersehbar	Mobilfunkkonferenz	Nicht-Realzeitrechnerkonferenz (Usenet)	Vorgangsbearbeitung (Workflow, d. Verf.)

Tab. 1 Zeit-Raum Klassifizierung für CSCW Produkte
nach Ellis et al. (1991) und Grudin (1994)
(Quelle: Borghoff und Schlichter, 1998, S.121)

4.2 Anwendungsorientierte Klassifizierung

Obwohl diese Klassifikationen ein grundlegendes Verständnis über verschiedene Formen bzw. Funktionalitäten von Groupware geben, scheint eine anwendungsorientierte Klassifikation näher an der Praxis. Ellis et al. (1991, S. 37 ff.; siehe auch Borghoff und Schlichter, 1998, S. 121 ff.) unterscheiden dabei:

- Nachrichtensysteme (E-Mail, schwarze Bretter)

- Gruppeneditoren, die ein kollaboratives Verfassen und Editieren von Dokumenten erlauben (synchron oder asynchron)

- elektronische Sitzungsräume zur Unterstützung von Face-to-Face Sitzungen und der Entscheidungsfindung (electronic voting, scoring)

- Rechnergestützte Konferenzsysteme (synchron: Telekonferenz, Desktopkonferenz, Realzeitrechnerkonferenz und Chat; asynchron: Nicht-Realzeit Rechnerkonferenz über Usenet)

- Intelligente Agenten, die im Auftrag von Nutzern Verhandlungen führen oder fehlende Nutzer in Simulationen ersetzen und so die Entscheidungsfindung ermöglichen

- Koordinationssysteme (Workflow Management Systeme, d. Verf.)

- Gemeinsame Informationsräume die eine gemeinsame und gleichzeitige Bearbeitung von Dokumenten (Texte, Bilder, CAD Modelle) ermöglichen

Viele kommerzielle Produkte integrieren mehrere dieser funktionellen Komponenten und bieten zusätzlich Kalender- und Schedulingfunktionen, To-Do-Listen und Adressbücher. (vgl. Borghoff und Schlichter, 1998, S. 121)

4.4 Charakteristika von Groupware Anwendungen

Aufbauend auf den Groupware Perspektiven von Ellis et al. (1991, S.39 f.) unterscheiden Yen et al. (1999, S. 65) vier grundlegende Charakteristika von Groupware Anwendungen.

- Verteilte Systeme – Da die Anwender von Groupware i.d.R. in Zeit und Raum verteilt sind, müssen auch die Systeme verteilt sein. Daten und Systemkontrolle sind also dezentralisiert.

- Kommunikation – Effektive Groupware unterstützt die Interaktion verteilter Gruppen mit Hilfe vielfältiger Medientypen, Text, Grafiken, Audio und Video.

- Gruppeninterface – Die Gestaltung der Benutzeroberfläche zur Mensch-Computer-Interaktion muss an die oft dynamischen Gruppenprozesse und -interaktionen angepasst sein.

- Künstliche Intelligenz – Experten-Systeme und andere Formen künstlicher Intelligenz können regelbasiert Einfluss auf die Interaktion der Gruppenmitglieder nehmen und diese so erheblich in ihrer Effizienz steigern.

Um die konkrete Ausgestaltung einer Groupware Anwendung zu entwickeln, identifizieren Borghoff und Schlichter (1998, S. 130) einige wichtige Fragestellungen bezüglich der Verhaltensweisen einer Arbeitsgruppe (siehe Tabelle 2).

Fragestellung hinsichtlich der Verhaltensweise	Implikation für die technische Implementierung
Wer spricht in der Interaktion?	Verantwortlichkeit für Daten, Audio-, Videoinformation
Was wird gesagt?	Syntax, Semantik und Pragmatik der Informationen
Wer ist angesprochen?	Kommunikation 1-zu-1, 1-zu-einige, 1-zu-alle
Wann wird gesprochen?	Podiumskontrolle, Rolle der Personen
Mit welcher Dauer oder Häufigkeit findet Interaktion statt?	Simultane Kommunikation, Bandbreite der Kommunikation
Durch welches Medium findet die Interaktion statt?	Multimedia
Welche Entscheidungsmethode wird verwendet, um zu einem Ergebnis zu kommen?	Abstimmen, Verhandeln

Tab. 2 Fragestellungen zur Koordination der Interaktion in der Gruppe
(Quelle: Borghoff und Schlichter, 1998, S. 130)

Diese Fragestellungen beeinflussen natürlich die Funktionalitäten und die Einsatzmöglichkeiten einer Groupware Anwendung.

Borghoff und Schlichter (1998) beschreiben darüber hinaus weitere wichtige Aspekte, die bei der Entwicklung von Groupware zu beachten sind. So ist die Frage der Verteilung neuer Informationseinheiten (hierarchisch, Broadcasting, Punkt-zu-Punkt, über Wegwahlmechanismen) und die Gestaltung asynchroner Interaktionen (linear, Kamm-Modell, Verzweigungsmodell) oder ggf. die Gestaltung eines gemeinsamen Kontexts im Falle synchroner Interaktion (WYSIWIS Prinzip) zu beantworten. Auch die Architektur (zentral, repliziert) ist entsprechend der Bedürfnisse der Gruppe zu wählen. Besondere Beachtung sollte die Behandlung konkurrierender Zugriffe auf Dokumente und die parallele Bearbeitung von Dokumenten (Text, Grafik, Konstruktionsmodelle) erfahren.

4.5 Kurze Marktübersicht für Groupware Anwendungen

IBM Lotus ist mit der Notes/Domino Produktfamilie seit Jahren Marktführer für Groupware Anwendungen. Das Kernstück dieser Produktfamilie ist dabei die Lotus Notes Plattform (derzeit Version 6) mit E-Mail-, Kalender- und Scheduling- sowie Dokumentenaustauschfunktionen, die auf der Domino Client-Server-Architektur läuft.

In der Domino-Umgebung und um Notes herum sind eine Vielzahl von Anwendungen verfügbar, die weitere gruppenprozessunterstützende Funktionen besitzen und voll mit Notes integrierbar sind. (vgl. Lotus, 2002; vgl. Borghoff und Schlichter, 1998, S. 143 f.) Lotus Sametime ist ein gemeinsamer Informationsraum mit Konferenzsystem der die synchrone Bearbeitung von Dokumenten, Diskussionen in Chaträumen ermöglicht. Domino.Doc bietet effektives Dokumentenmanagement. LearningSpace ist ein elektronisches Klassenzimmer das Nachrichtensysteme, Konferenzanwendungen und gemeinsame Informationsräume speziell zu Schulungszwecken bereitstellt. Als Textverabeitungs-, Tabellenkalkulations- und Grafikanwendungen stehen die SmartSuite Anwendungen WordPro, 1-2-3 und Freelance Graphics zur Verfügung. (vgl. Lotus, 2002; vgl. Borghoff und Schlichter, 1998, S. 143 ff.)

Der wohl ernstzunehmendste Konkurrent ist wohl Microsoft mit seiner Exchange Plattform (derzeit Version 4.0). Microsoft Outlook bietet in Verbindung mit dem Exchange Server viele Funktionen von Notes, z.B. E-Mail, Adressbuch, Kalender und Scheduling zur Planung von Meetings auch für mehrere Teilnehmer sowie Dokumentenaustauschfunktionen. Microsoft Word erlaubt die Editierung von Dokumenten durch mehrere Benutzer und dokumentiert Änderungen. Word, Powerpoint und Excel verfügen über Möglichkeiten zur Online Kollaboration und die NetMeeting Komponente erlaubt Rechnerkonferenzen mit Video, Audio und Online Dokumentenbearbeitung. (vgl. Microsoft, 2002; vgl. Microsoft, 2002a)

Die Lotus Anwendungen zeichnen sich vor allem durch ihren hohen Integrationsgrad aus. Kleinere Wettbewerber sind bestrebt webbasierte, sog. Application Service Provider (ASP), Lösungen zu entwickeln. Diese bieten eine erstaunliche Bandbreite an Leistungen. (siehe 7Services, 2002)

5. Inter-organisationales CSCW

Die zunehmend zu beobachtende Verflechtung und Verzahnung von Organisationen in der Praxis (Outsourcing, Virtual Enterprise, firmenübergreifende Entwicklungsteams) führt natürlicherweise zu der Frage, inwiefern diese Entwicklungen das CSCW berühren und eine Unterstützung der hier entstehenden Interaktionen durch IT und KT möglich ist. (siehe Riempp, 1998; siehe Pargfrieder, 2002)

5.1 Anforderungen an inter-oganisationale CSCW Anwendungen

CSCW Systeme, die inter-organisationale Prozesse unterstützen, sind natürlich prinzipiell ebenso aufgebaut, wie oben beschrieben. Dennoch gelten in einem inter-organisationalen Kontext besondere Anforderungen, von denen die Wichtigsten, vor allem im Bezug auf Workflow Management, nachfolgend kurz erläutert werden sollen.

Gemeinsame Prozessdefinition und Datenaustauschformate

Um größtmögliche Effizienz zu erreichen und einen reibungslosen Ablauf der Prozessinstanzen zu gewährleisten, wird ein konsistentes Modell aller verzahnten Prozesse der beteiligten Organisationen benötigt, aus dem übergreifende Prozessdefinitionen entwickelt werden können. Dies gilt vor allem für indiskrete Verbindungen. Für diskrete Verkettungen und hierarchische Verbindungen genügt i.d.R. ein gemeinsames Datenaustauschformat (siehe 3.2.4.6). Der technische Aspekt dieser Anforderung wird durch standardisierte Workflow Austauschformate für Prozessdefinitionen erfüllt, wie sie von der WfMC vorgeschlagen werden. (vgl. Pargfrieder, 2002, S. 49, S. 51 f.) Riempp (1998, S. 82) schlägt vor, das Referenzmodell der WfMC um ein sechstes Interface zu ergänzen, das die Interaktion zweier Workflow Definitionswerkzeuge während der Build-time steuert und so die Definition gemeinsamer Prozesse ermöglicht.

Da bei der inter-organisationalen Anwendung von Groupware wenig strukturierte Prozesse ablaufen sind gemeinsame Prozessdefinitionen kaum erforderlich. Die Verwendung von standardisierten Datenaustauschformaten kommt eine größere Bedeutung zu.

Geheimhaltung interner Prozesse

Die oben beschriebene gemeinsame Prozessdefinition ist in gewisser Hinsicht problematisch, denn nicht selten stellen interne Abläufe strategische Vorteile ggü. Wettbewerbern dar, die geheim gehalten werden sollten. (vgl. Pargfrieder, 2002, S. 52) Die Geheimhaltung interner Prozesse ist bei inter-organisationaler Groupware schwierig und eher ein Management Problem, als ein technisches Problem, die Offenlegung von z.B. Entwicklungs- oder Beschaffungsabläufen und Lieferantenbeziehungen, bspw. bei der kooperativen Entwicklung eines Fahrzeugtyps, ist kaum vermeidbar.

Rollenunterstützung, Unterstützung einer größeren Anzahl von Partnern und Auswahl des optimalen Partners

Rollen ermöglichen gewöhnlich, durch die Spezifizierung abstrakter Nutzergruppen (z.B. „Einkaufsdisponenten", „Kundenservicepersonal"), die dynamische Zuordnung von Aufgaben zu Nutzern. Bei inter-organisationalen Workflows kommt der Rollenunterstützung eine geringfügig andere Bedeutung zu. Sie ermöglicht die dynamische Auswahl von Lieferanten während der Run-time. Durch die Unterstützung vieler Partner kann unter Berücksichtigung der Kapazitätsauslastung und spezieller Fähigkeiten einzelner Partnerunternehmen für jede Prozessinstanz der optimale Partner gewählt werden. Ziel ist dabei die Kosten- oder Durchlaufzeitenreduzierung bzw. die Erhöhung der Qualität der Dienstleistung. Der Anschluss an ein Handelssystem oder eine -plattform (wie z.B. .NET) vereinfacht die Kooperation mit mehreren Partnern, da nur ein Anschluss benötigt wird. Des weiteren gewährleistet die Plattform die Kompatibilität aller Teilnehmersysteme. (vgl. Pargfrieder, 2002, S. 52)

Da die Zahl der Teilnehmer einer inter-organisationalen Groupware i.d.R. gering ist kommt der Rollenunterstützung eine untergeordnete Bedeutung zu. Bei spezialisierten Systemen, die komplexe Projekte z.B. in der Softwareentwicklung mit einer sehr großen Anzahl von Projektmitarbeitern, unterstützen, müssen diese Aspekte jedoch sehr wohl bedacht werden.

Qualität ausgelagerter Aufgaben sichern

Es ist oft wünschenswert den Bearbeitungsstatus und die Qualität einer ausgelagerten Aufgabe jederzeit prüfen zu können. Diese Kontrolle kann nur durch die Spezifizierung einer entsprechenden Schnittstelle durch die beiden Partner gegeben werden. (vgl. Pargfrieder, 2002, S. 52)

Sicherheit

Wie bei allen verteilten Systemen ist die Sicherheit der Datenübertragung, also Vertraulichkeit, Integrität, Verfügbarkeit, Authentizität und Verlässlichkeit sowie die Verhinderung von Manipulationen, unverzichtbar. (vgl. Pargfrieder, 2002, S. 52) Der Einsatz von standardisierten Technologien, wie HTTPS (Secure Hypertext Transfer Protocol), Verschlüsselungstechniken, wie PGP (Pretty Good Privacy) vermeidet derartige Probleme von Anfang an. (siehe Wilde, 1999; siehe PGP, 2002)

Nebenläufigkeitskontrolle

In einer indiskreten Verbindung zweier WfMS stellt sich die Frage welches System konkurrierende Zugriffe auf Daten und Dokumente koordiniert. (vgl. Pargfrieder, 2002, S. 52) Auch bei Groupware ist diese Problematik zentral. Die bereits sehr

fortschrittlichen dezentralen Kontrollverfahren wie Floor-Passing- und Tranksaktions- sowie Transformationsverfahren (siehe Borghoff und Schlichter, 1998, S. 200 ff.) lassen sich z.t. auch in einem inter-organisationalen Kontext anwenden.

Des weiteren stellt die Verwendung inter-organisationaler Workflows besondere Anforderungen an die Datenintegration und das Dokumentenmanagement. (siehe Pargfrieder, 2002, S. 52)

5.2 Standardisierungsinitiativen für inter-organisationales CSCW

Kaum eine kommerzielle CSCW Anwendung, sei es ein WfMS oder eine Groupware, wird von ihrem Hersteller als inter-organisational bezeichnet. Die Kompatibilität zu konkurrierenden Produkten wird sehr selten explizit herausgestellt. Die Zugehörigkeit aller bedeutenden Produzenten zur WfMC lässt jedoch erwarten, dass deren Systeme und Anwendungen, auch die Workflow-Ausführungsservices, im Rahmen des WfMC Referenzmodells kompatibel sind. Pargfrieder (2002, S. 121) bewertet die Arbeit der WfMC insoweit als positiv, dass der Intergrationsaufwand durch die Einhaltung der Standards sehr gering ist. Sie merkt jedoch an, dass durch den wenig inter- organisationalen Focus der WfMC Schwächen im Bezug auf Sicherheit und die Geheimhaltung interner Prozesse bestehen bleiben.

Es gibt jedoch neben den Standardisierungsbemühungen der WfMC zahlreiche andere Initiativen, die sich deutlicher auf inter-organisationale Interaktionen beziehen. Einige basieren auf der Extensible Markup Language (XML). Um dieses Datenaustauschformat werden Dienste aufgebaut, die selbst als WfMS funktionieren oder mit kommerziellen WfMS integriert werden können. (siehe Pargfrieder, S. 57 ff.)

Ein solcher Ansatz ist RosettaNet. Die nicht-profitorientierte Initiative wurde von zahlreichen Unternehmen aus der IT Branche (darunter SAP, Microsoft und Oracle) sowie Anwendern von Workflow Lösungen aus der Finanz- und Logistik-Branche (z.B. Deutsche Financial Services und UPS) gegründet. Ziel ist es, Standards für Schnittstellen im elektronischen Handel und gemeinsame Prozessdefinitionen zu schaffen. Ein Business Dictionary und ein Technical Dictionary geben den Rahmen für die Beschreibung geschäftlicher Transaktionen respektive von Produkten und Diensten in XML vor. Der interessanteste Teil des RosettaNet Ansatzes sind die sogenannten Partner Interface Processes (PIP). Es handelt sich dabei um XML- basierte Dialoge. Jede PIP Spezifikation besteht aus einem Dokument mit dem XML- „Vokabular" und der Prozess-„Choreografie" für den zugehörigen Prozess. (vgl. RosettaNet, 2002)

5.3 Inter-organisationales CSCW in der Praxis

Eine kommerzielle Umsetzung XML-basierter Dialoge ist die .NET Plattform von Microsoft. Die sogenannten XML Web Services sind standardisierte Einheiten von XML Code, die von den Verwendern relativ einfach an ihre Bedürfnisse angepasst werden können. Die Verwender können auch eigene XML Web Services entwerfen und diese an andere Anwender weitergeben. Das alles ermöglicht nicht nur die Integration verschiedener Anwendungen sondern auch einen mehr oder weniger anonymen Marktplatz (.NET Business Directory), auf dem Organisationen Produkte und Dienstleistungen anbieten und beziehen können. Sofern es sich dabei um immer wiederkehrende gleichartige Transaktionen handelt, wie z.B. Kreditwürdigkeitsprüfungen, können diese auch als Workflows definiert und automatisiert werden. Im Unterschied zu den unter 3.3 erwähnten e-Procurement Lösungen werden nicht nur Transaktionen mit bestehenden Lieferanten automatisiert, sondern es können auch neue Geschäftsbeziehungen über diesen Marktplatz geknüpft und beliebig gewechselt werden, wenn bei einem Lieferanten Engpässe oder Preisänderungen auftreten. (vgl. Aberdeen Group, 2002, 6 ff.)

Im Groupware Bereich sind mittlerweile webbasierte Lösungen entstanden. Outlook Web Access ist eine webbasierte Version von Microsoft Outlook mit im Wesentlichen gleichen Funktionen. Lotus Quickplace ist eine webbasierte Lösung für die Unterstützung weit verteilter Projektteams, die Funktionen von Notes und Sametime integriert und einen gemeinsamen Informationsraum im Web zur Verfügung stellt. Schnittstellen zu Microsoft Anwendungen für Bild-, Text- und Tabellenbearbeitung sind ebenfalls integriert. Dadurch und durch die Webbasierung ist es auch möglich Teilnehmer außerhalb des Unternehmensnetzwerks einzubinden. (vgl. Lotus, 2002; vgl. Microsoft, 2002)

6. Abschließende Betrachtung und Ausblick

In der vorliegenden Arbeit wurde einleitend ein Überblick über das Spektrum des Computer Supported Cooperative Work (CSCW) gegeben. Anschließend wurden Grundlagen zweier wesentlicher Bereiche, Workflow Management und Workgroup Computing, vermittelt. Die wesentlichen Bestandteile eines Workflow Management Systems (WfMS) wurden anhand des Referenzmodells der Workflow Management Coalition (WfMC) dargestellt und anschließend eine kurze Übersicht über den Markt für kommerzielle WfMS gegeben. Der Bereich des Workgroup Computing bzw. der Groupware Anwendungen wurde anhand zweier bekannter Klassifizierungen

dargestellt. Anschließend wurden wesentliche Charakteristika einer Groupware Anwendung aufgezeigt und der Markt für kommerzielle Groupware Anwendungen kurz beschrieben. Abschließend wurde die Tendenz zunehmend inter-organisationale Interaktionen durch CSCW Anwendungen, vor allem Workflow Management Systeme, zu unterstützen und teilweise zu automatisieren, beschrieben. Dabei wurde auf Anforderungen an solche Anwendungen sowie auf Standardisierungsinitiativen und Ausprägungen in der Praxis eingegangen.

Es konnte gezeigt werden, dass die Standardisierungsbemühungen der WfMC bei konsequenter Umsetzung durch die Industrie nicht nur eine einfachere Migration von einem WfMS zu einem neuen und die Zusammenarbeit zweier spezialisierter Ausführungsservices innerhalb einer Organisation ermöglichen, sondern auch die Zusammenarbeit mehrerer Ausführungsservices in verschiedenen Organisationen ermöglichen. Die verschiedenen Szenarien einer solchen Zusammenarbeit konnten mit hypothetischen Beispielen verdeutlicht werden. Des weiteren wurde eine auf XML basierende Standardisierungsinitiative für inter-organisationale Workflows, RosettaNet, und eine kommerzielle Umsetzung, die .NET Web Services, kurz vorgestellt.

Es wäre interessant die weitere Entwicklung im Bereich des inter-organisationalen CSCW, besonders des Workflow Managements, zu beobachten. Vor allem interessiert hier, ob die Ansätze des RosettaNet und .NET Web Services sich in der Praxis mit Produkten, die den Standards der WfMC folgen, erfolgreich integrieren lassen oder diese eher verdrängen werden. Ein Vorteil der XML basierten Ansätze ist sicher der offene Standard und die hohe Anpassungsfähigkeit und Skalierbarkeit.

Ebenso interessant wird sicher die Antwort auf die Frage sein, ob WfMS als eigenständige Produkte erhalten bleiben, oder als Komponenten in einer Vielzahl unterschiedlicher Anwendungen und Systeme eingehen werden. Vielleicht werden stark inter-organisational ausgerichtete Systeme für das „überleben" dieser Systemklasse sorgen.

Literaturverzeichnis

7Services (2002). *Teamwork Whitepaper.*
http://www.7services.de/7downloads/pdf/7Teamwork_Whitepaper_Business.pdf

Aberdeen Group (2002). *Microsoft .NET:A Foundation for Connected Business.*
http://www.greatplains.com/documents/downloads/aberdeennetwpaper.pdf

Borghoff, Uwe und Schlichter Johann H. (1998). *Rechnergestützte Gruppenarbeit – Eine Einführung in verteilte Anwendungen.* 2. Auflage. Berlin, Heidelberg, New York. Springer.

Ellis, C.A., Gibbs, S.J. und Rein, G.L. (1991). *Groupware – Some Issues and Experiences.* Communications of the ACM. Vol. 34. No. 1. S. 34-58.

Glaser, Mario (2002). *Transparenz im Einkauf.* E-Commerce Magazin. 8/02.

IT – Industrielle Informationstechnik (2002). *Besser Planen – Produktionsplanung und elektronische Beschaffung.* Industrielle Informationstechnik. 10/02.

Krcmar, Helmut (oJ). *Workflow Management Systeme.* Vorlesungsunterlagen.
http://www.winfobase.de/lehre/downloads/WS9900/BIS/pdf/BIS-LE08-ws-99-00.PDF

Lotus (2002). *IBM Lotus Produktinformation.*
http://www.lotus.com/world/germany.nsf/_/Produkte

Microsoft (2002). *Microsoft Exchange Server.*
http://www.microsoft.com/catalog/display.asp?subid=22&site=457&pg=1

Microsoft (2002a). *Microsoft Office 2000 Professional.*
http://www.microsoft.com/catalog/display.asp?subid=22&site=790&x=48&y=12

Müller, Bernd F. und Stolp, Patrick (1999). *Workflow Management in der industriellen Praxis.* Berlin, Heidelberg. Springer.

Pargfrieder, Karin (2002). *Interorganizational Workflow Management. Concepts, Requirements and Approaches.* Magisterarbeit. Johannes Kepler Universität Linz.
http://www.hausarbeiten.de/faecher/vorschau/4507.html

PGP (2002). *PGP Corporation Homepage.* http://www.pgp.com

Riempp, Gerold (1998). *Wide Area Workflow Management – Creating Partnerships for the 21st Century.* London. Springer.

RosettaNet (2002). *RosettaNet Homepage.* http://www.rosettanet.org

Schnetzer, Ronald (1999). *Workflow Management kompakt und verständlich.* Braunschweig/Wiesbaden. Vieweg.

Strobel-Vogt, Ulrich (1999). *Erfolge mit SAP Business Workflow.* Braunschweig, Wiesbaden.
Vieweg.

Suman, Lale (1999). *Workflow Management Systeme mit Internetanbindung.* Diplomarbeit.
Wirtschaftsuniversität Wien.
http://wwwai.wu-wien.ac.at/~koch/lehre/diplomarbeiten/lale/

WARIA - Workflow and Reengineering International Association (2002). *WARIA Homepage.*
http://www.waria.com

WfMC - Workflow Management Coalition (1998). *The Workflow Reference Model.*
http://www.wfmc.org/standards/docs/tc003v11.pdf

WfMC - Workflow Management Coalition (2002). *WfMC Homepage.* http://www.wfmc.org

Wilde, Erik (1999). *Wilde's WWW. Technical Foundations of the World Wide Web.* Berlin,
Heidelberg. Springer.

Yen, David C., Wen, H. Joseph, Binshan, Lin, Chou, David C. (1999). *Groupware: A Strategic
Analysis and Implementation.* Industrial Management and Data Systems. 99/2. S.
64-70.